Analyse d'œuvre

Rédigé par Hervé Romain

Sous la direction de Niels Thorez

Le Jeu de l'amour et du hasard

de Marivaux

Profil Littéraire

PIERRE CARLET DE CHAMBLAIN DE MARIVAUX

- Né en 1688 à Paris
- Mort en 1763 dans la même ville
- **Quelques-unes de ses œuvres :**
  - *La Double Inconstance* (pièce de théâtre, 1723)
  - *L'Île des esclaves* (pièce de théâtre, 1725)
  - *Les Fausses Confidences* (pièce de théâtre, 1737)

Le théâtre français du XVIIIe siècle lègue deux grands noms à la postérité : Marivaux et Beaumarchais (écrivain, poète et dramaturge français, 1732-1799). Les deux hommes, par la voix de leurs valets rusés et effrontés, se répondent aux deux extrémités d'un siècle qu'ils incarnent chacun à leur manière. Contrairement à son homologue plus tardif, Marivaux ne connaît pas les tourments de la Révolution française (1789-1799) et se tient à l'écart des Lumières, même s'il ne manque pas de philosophie.

Dans cette première moitié du XVIIIe siècle, il incarne dans ses œuvres l'esprit de l'après Louis XIV (roi de France, 1638-1715) : celui des salons, de la frivolité, de la conversation brillante. Du reste homme discret dans la vie, très peu de détails nous sont parvenus de l'intimité de celui qu'on disait bon, susceptible et épris d'honnêteté. Venu à la littérature par la mondanité, il écrit jusqu'en 1720 dans des formes diverses, souvent satiriques, qui le font d'abord connaître comme moraliste.

Le théâtre, pour lequel il passera à la postérité, ne l'intéresse vraiment qu'à partir de ses 32 ans. Il trouve alors auprès des Comédiens-Italiens une troupe dont le jeu stimule son écriture, aussi écrit-il le gros de sa production en une vingtaine d'années, relevant le pari difficile de renouveler la comédie après Molière (comédien et dramaturge français, 1622-1673). Quelque peu oublié au XIXe siècle, on a depuis redécouvert sa modernité. Marivaux est aujourd'hui l'un des auteurs français les plus joués, un incontournable classique.

LE JEU DE L'AMOUR ET DU HASARD

- **Genre :** comédie d'intrigue sentimentale (théâtre)
- **1re édition :** 1730
- **Édition de référence :** *Le Jeu de l'amour et du hasard*, Paris, Pocket, 2015
- **Personnages principaux :**
  - Silvia, jeune fille de la haute société, veut se déguiser pour observer son promis incognito ;
  - Lisette, sa suivante, prend les habits de sa maîtresse et entend bien être à la hauteur ;
  - Dorante, jeune homme de la haute société, tombe sincèrement amoureux de Silvia ;
  - Arlequin, son valet, est un peu ridicule dans son nouveau costume ;
  - Orgon, père de Silvia, est l'observateur bienveillant du « jeu » des amoureux ;
  - Mario, frère de Silvia, se fait le complice d'Orgon, puis de Silvia.
- **Thématiques principales :** amour, mariage, déguisement, classes sociales

De toutes les œuvres dramatiques de Marivaux, *Le Jeu de l'amour et du hasard*, représenté pour la première fois le 23 janvier 1730, est encore la plus jouée. Les raisons de ce succès tiennent tout d'abord à l'esprit de la pièce. Éclatante, la langue de Marivaux foisonne de ce bel esprit qui faisait fureur dans les salons et qui sonne toujours aussi plaisamment à nos oreilles.

Mais il n'y a pas chez lui que de l'esprit ; il y a aussi, et surtout, du cœur. Les personnages de Silvia et de Dorante sont touchants et vrais ; ils rejoignent dans nos mémoires les autres couples d'amoureux purs que sont Héloïse et Abélard, Roméo et Juliette, Paul et Virginie, etc. Encore ces couples-là connaissent-ils des amours tragiques, voire pathétiques. Marivaux, lui, entend rendre ses personnages heureux, et nous avec.

Pour nous faire rire – car toujours il faut plaire –, il introduit aussi un contrepoint comique en les personnes d'Arlequin et de Lisette, qui contrefont la cour de leurs maîtres, et se font prendre eux aussi au jeu de l'amour. Enfin, son traitement des rapports sociaux comporte une contestation qui n'est pas sans annoncer les remises en question plus décisives de la Révolution.

On a critiqué Marivaux pour son « marivaudage » : sa langue serait trop précieuse, les sentiments de ses personnages trop alambiqués. Ces critiques pourraient tout aussi bien être des éloges, si l'on veut bien voir dans les mots et les sentiments qu'ils décrivent, les moyens d'une fine analyse de la psychologie humaine telle qu'aucun auteur n'en avait donné jusque-là. À voir une pièce comme *Le Jeu*, l'impression qui nous reste est celle d'une franche gaieté. On s'y aime, on s'y amuse, on y rit, on y danse. Autant de qualités qui en font ce qu'on peut appeler de nos jours une « *feel-good play* », un petit morceau de bonheur au goût sucré de Régence (1715-1723).

LA VIE DE MARIVAUX

Portrait de Marivaux par Louis-Michel van Loo (peintre français, 1707-1771), peint en 1753.

Né à Paris en février 1688, sous le règne de Louis XIV, Pierre Carlet – il ne prendra le nom de Marivaux qu'à l'âge adulte – est encore enfant lorsqu'il déménage avec ses parents à Riom (Puy-de-Dôme), puis à Limoges (Haute-Vienne), où son père occupe un poste de contrôleur des finances.

Il remonte à Paris en 1710 pour faire des études de droit, qu'il abandonne avant de les reprendre huit ans plus tard. Sa rencontre avec les écrivains Bernard Le Bouyer de Fontenelle (1657-1757) et Antoine Houdar de La Motte (1672-1731), ainsi que son bel esprit, lui ouvrent les portes du salon d'Anne-Thérèse de Marguenat de Courcelles, dite Madame de Lambert (1647-1733), un lieu connu pour être un repaire de Modernes, dans la fameuse querelle – alors déjà finissante – qui les oppose aux Anciens (voir <u>L'œuvre en contexte</u>).

PREMIÈRES ŒUVRES (1706-1720)

Pierre Carlet n'a que 18 ans lorsqu'il écrit sa première pièce, *Le Père prudent et équitable* (1712), qu'il ne publie que quelques années plus tard. Mais il le fait avant tout pour relever un pari, et ce n'est pas la scène qui l'attire tout d'abord. Pour faire ses gammes, il s'essaie au roman (trois titres aujourd'hui tombés dans l'oubli) et à l'épopée burlesque, genres qui lui permettent d'exercer une plume satirique, voire parodique, caractéristique de son esprit moderne. Ainsi, avec *Le Télémaque travesti* (1717) et *L'Iliade travestie* (1718), il détourne les grands classiques de l'Antiquité. C'est aussi à cette époque qu'il commence une activité de journaliste et de chroniqueur, essentiellement auprès du journal *Le Mercure de France*.

Les années 1717 à 1720 marquent un tournant dans sa vie à plus d'un titre : en quatre ans, il se marie, devient père d'une fille, perd son propre père et se voit ruiné à la suite de la banqueroute du système de Law (procédé financier censé faciliter les échanges commerciaux, désendetter et relancer l'économie du pays par la mise en circulation de papier-monnaie en lieu et place de l'or). Trois ans plus tard, il devient veuf à seulement 35 ans. À partir de ce moment-là, il mène une vie discrète (du moins n'a-t-on gardé trace d'aucune frasque), dont on retiendra surtout les œuvres, notamment théâtrales. Il signe désormais du nom de Marivaux.

LE DRAMATURGE (1720-1746)

L'époque est aussi un tournant dans l'histoire de France, puisqu'à la mort de Louis XIV (1715), on assiste, pendant la période dite de la Régence, à un relâchement des mœurs, dont l'une des conséquences est de voir le retour en France des Comédiens-Italiens (1716). Une aubaine pour Marivaux qui trouve en eux ses interprètes de prédilection. Ceux-là font sa renommée, autant sinon plus que les Comédiens du Roi, à qui il confie aussi certaines de ses pièces.

Les comédiens italiens, peint vers 1720 par Antoine Watteau (1684-1721).

L'auteur Marivaux aurait-il pu triompher sans l'entremise de ces histrions dont nous ne retenons aujourd'hui pas les noms ? À défaut, leurs prénoms sont restés célèbres, puisqu'ils incarnent les personnages, déjà séculaires à l'époque, de la *commedia dell'arte* (théâtre populaire italien né au xvie siècle) : Colombine, Silvia, Lisette, Arlequin, Lélio, Pantalon, etc. Avec eux, Marivaux se fait le spécialiste de la comédie d'intrigue sentimentale, pour laquelle il est surtout resté célèbre. Mais il produit aussi des pièces allégoriques (*L'Amour et la Vérité*, 1720), des comédies utopiques (*L'Île des esclaves*), des comédies héroïques (*Le Triomphe de l'amour*, 1732), des pièces didactico-morales (*L'École des mères*, 1732) et des comédies de mœurs (*Le Préjugé vaincu*, 1746).

La période qui s'étend de 1720 à 1737 est la plus prolifique pour lui : *Arlequin poli par l'amour* (1720), *La Surprise de l'amour* (1722), *La Double Inconstance*, *La Seconde Surprise de l'amour* (1727), La *Nouvelle Colonie* (1729), *Les Serments indiscrets* (1732), *Les Fausses Confidences*. Pourtant, jamais son succès, d'ailleurs tout relatif, ne lui a vraiment permis de vivre dans l'aisance. Ses pièces sont jouées alternativement par les Comédiens-Italiens et les Comédiens-Français, avec une préférence pour les premiers. En 1740, ses grands succès sont derrière lui : Marivaux écrit encore quelques pièces, mais elles ne sont presque plus jouées qu'en privé. Sa dernière (*La Provinciale*) date de 1761. Il en aura écrit près de quarante.

LE ROMANCIER, LE JOURNALISTE ET L'ACADÉMICIEN

Après ses premiers essais de jeunesse, Marivaux revient au roman en 1731, avec une œuvre de grande envergure qu'il ne finira jamais : *La Vie de Marianne*. Il la publie en feuilleton, adaptant le cours de l'histoire selon la réaction du public, avant de l'abandonner en 1741, après 11 parutions. Le récit est repris plus tard par une admiratrice, Marie-Jeanne Riccoboni (comédienne et romancière française, 1713-1792). Le lecteur y suit l'ascension sociale d'une jeune provinciale, un thème que Marivaux reprend dans son autre roman, *Le Paysan parvenu* (1734-1735), lui aussi paru en feuilleton (5 livraisons), inachevé, puis prolongé par un continuateur anonyme.

En plus de ses collaborations au *Mercure de France*, Marivaux crée lui-même, à des époques diverses, trois périodiques dont il est l'unique rédacteur et où il exprime ses observations sur la société : *Le Spectateur français* (25 livraisons entre 1721 et 1724), *L'Indigent Philosophe* (7 livraisons en 1727) et *Le Cabinet du philosophe* (11 livraisons en 1734).

En 1742, il est préféré à Voltaire (écrivain et philosophe français, 1694-1778) et élu à l'Académie française ; une place qu'il obtient notamment grâce à l'entremise de Claudine Guérin de Tencin (femme de lettres française, 1682-1749), dite Madame de Tencin, dont il fréquente le salon depuis 1733.

Dans les dernières années de sa carrière, Marivaux écrit encore quelques pièces, des discours à l'Académie et des essais. Il finit sa vie paisiblement en compagnie d'une certaine Mademoiselle de Saint-Jean, après qu'il a vu sa fille prendre le voile en 1745. Il meurt sans descendance et sans rien d'autre à léguer que ses œuvres, en 1763, à l'âge de 75 ans.

RÉSUMÉ DU *JEU DE L'AMOUR ET DU HASARD*

Illustration du *Jeu de l'amour et du hasard* par Bertall (illustrateur français, 1820-1882), 1878.

Paris, au XVIIIe siècle. Une jeune fille de bonne famille en âge d'être mariée n'a généralement pas le choix de son mari. Mais Silvia, la fille d'Orgon, ne l'entend pas de cette oreille. Son caractère bien trempé se refuse obstinément à accepter un inconnu dans son lit. Aussi, lorsqu'elle apprend que l'homme qu'on lui destine, Dorante, est sur le point d'arriver, elle met au point un stratagème : avec sa servante Lisette, elle va échanger son costume et se faire passer pour une simple soubrette. Elle aura ainsi tout le loisir d'observer son prétendant sans qu'il le sache, et peut-être saura-t-elle le séduire en dépit de cet habit.

Elle présente l'idée à son père qui, d'une bonne nature, accepte. Or lui sait quelque chose que Silvia ignore : c'est que le fameux Dorante a eu la même idée ! D'une lettre du père de ce dernier, Orgon a en effet appris que le jeune homme arrive déguisé en serviteur sous le nom de Bourguignon, tandis que l'accompagne son valet Arlequin, déguisé en maître ! Il se garde pourtant bien d'en avertir Silvia, curieux de voir ce qu'il adviendra de cette étonnante inversion des rôles.

Lorsque Dorante arrive dans son habit de Bourguignon, Silvia ne se doute de rien. Tout au plus trouve-t-elle à ce valet un air plutôt distingué. Quelle n'est en revanche pas sa surprise en voyant débarquer soudainement celui qu'elle croit être Dorante et qui n'est autre qu'Arlequin ! En fruste qu'il est, celui-ci se comporte comme en terrain conquis, parlant déjà de « sa femme » et de « son beau-père » comme si le mariage n'était plus qu'une formalité. Bien sûr, elle ne saurait épouser un rustre pareil !

Mais il faut qu'elle en apprenne davantage ; et comment mieux en apprendre sur le maître qu'en s'informant auprès du valet ? C'est ainsi que Bourguignon et « Lisette » – qui n'est autre que Silvia –, ignorant l'un et l'autre à qu'ils s'adressent réellement, discutent tout en prenant plaisir à se découvrir, étonnés tous deux de voir en l'autre une personne si aimable et si bien élevée, aux manières si douces. De leur côté, Lisette et Arlequin s'amusent sous leurs masques de maîtres en singeant les manières aristocratiques et se plaisent eux aussi mutuellement.

ACTE II

Tout va d'ailleurs si bien entre ces deux-là que Lisette croit bon d'avertir Monsieur Orgon qu'elle serait bien sur le point de séduire le fiancé de Mademoiselle Silvia, si on ne l'en empêchait ! Orgon rit sous cape et lui donne carte blanche pour emporter le cœur de celui qu'elle convoite, si elle le désire. Prolongeant leur comédie respective, Arlequin et Lisette se donnent alors la sérénade. Dorante les surprend et enjoint à Arlequin d'être moins engageant.

Mais à peine est-il parti que les voilà qui recommencent et finissent par jurer de s'aimer toujours, « en dépit de toutes les fautes d'orthographe » (p. 56). Silvia agit de même avec Lisette et lui défend d'accepter aussi vite les avances du faux Dorante : après tout, c'est sous son nom qu'elle agit ! Mais Lisette a obtenu l'autorisation de Monsieur Orgon. De plus, elle semble y voir plus clair dans le cœur de sa maîtresse :

celle-ci ne serait-elle pas attirée par ce Bourguignon dont elle semble tant apprécier la conversation ?

Silvia s'en défend, mais sent bien en elle-même qu'elle a de plus en plus de mal à résister à ses sentiments. Elle a beau se montrer froide avec Bourguignon, l'amour qu'il lui inspire se fait de plus en plus pressant et lorsque celui-ci, désespéré, lui déclare à genoux sa flamme, espérant obtenir d'elle un aveu, elle commence à lâcher prise et lui concède un timide : « Je t'aimerais si je pouvais, tu ne me déplais point. » (p. 67)

Orgon et Mario, le frère de Silvia, arrivent sur ces entrefaites et s'amusent gentiment de l'embarras des deux tourtereaux. Quand ils repartent, Dorante n'y tient plus et révèle son identité à Silvia. Celle-ci comprend enfin ce qu'il s'est joué mais refuse de lui dévoiler tout de suite son identité. Pour être certaine de ses intentions, elle voudrait obtenir que Dorante la demande en mariage sans savoir qui elle est vraiment ; autrement dit, qu'il soit d'accord pour l'épouser, même si elle n'est encore qu'une soubrette. Pour parvenir à ses fins, elle fait part à son frère Mario de son stratagème et l'incite à l'aider.

ACTE III

Pour éprouver un peu plus la résistance – donc les sentiments – de Dorante, Silvia veut le rendre jaloux, en se servant de son frère Mario comme d'un rival. Mario vient donc auprès de Dorante-Bourguignon pour lui signifier qu'il a, lui, l'intention d'épouser Silvia-Lisette. Celle-ci joue les cruelles, feignant quelque intérêt pour Mario et quelque indifférence pour Dorante, si bien que ce dernier s'en va, au désespoir.

Son attitude reste malgré tout digne, et Silvia comprend qu'il est fait pour elle.

De leur côté, Arlequin et Lisette continuent de se faire la cour. Ils finissent, avec une tendre maladresse, par se révéler l'un à l'autre leur identité respective. Qu'à cela ne tienne : ils s'aiment quand même. À ce stade, seul Dorante reste encore dans l'erreur. Il est au plus mal et fait mine de partir.

Silvia, qui ne veut pas le voir abandonner pour de bon, tente quelque peu de le retenir en lui disant qu'elle ne voudrait surtout pas l'obliger à se déshonorer en épousant une femme de petite condition. Sur ce, Dorante la rassure en lui déclarant son amour inconditionnel : il l'épouserait quoi qu'il arrive ; de plus, il sait bien qu'elle n'aime pas Mario. Dès lors, plus rien ne retient Silvia de se montrer sous son vrai jour. Les deux couples se sont retrouvés tels qu'ils sont vraiment, et la pièce se termine dans la joie générale.

L'ŒUVRE EN CONTEXTE

La France après le Roi-Soleil

En 1715, Louis XIV meurt. Son arrière-petit-fils, Louis XV (1710-1774), unique descendant mâle survivant, n'a que 5 ans. Le pouvoir est alors exercé par le duc Philippe d'Orléans (1674-1723), pendant une période de huit ans nommée la Régence. En 1723, le roi a 13 ans et, considéré comme majeur, doit assumer le pouvoir. Il se marie en 1725 avec Marie Leszczynska (1703-1768), fille du roi de Pologne. En 1730, il n'a donc encore qu'une vingtaine d'années. Pour gouverner, il s'est entouré de ministres, notamment le cardinal André Hercule de Fleury (1653-1743), Premier ministre de 1726 à sa mort. Marivaux, neveu d'un architecte du roi et fils d'un fonctionnaire d'État, connaît les milieux de la cour, devant laquelle ses pièces sont parfois jouées.

La France, affaiblie par les guerres du Roi-Soleil, est encore malgré tout une grande puissance, dont l'influence culturelle se ressent à l'échelle de l'Europe, où toute la haute société parle le français. Sa force armée lui a assuré une présence jusqu'en Inde et en Amérique, où la colonie de la Nouvelle-France s'étend sur une superficie gigantesque. Pourtant, sur son propre territoire, les frontières ne sont pas fixes. Ainsi, la Lorraine et la Corse ne lui sont pas encore annexées. De façon générale, le visage de l'Europe est en train de changer, au gré des nombreux conflits qui l'agitent : la guerre de Succession d'Espagne (1701-1714), la guerre de la

Quadruple-Alliance (1718-1720), la guerre anglo-espagnole (1727-1729), la guerre de Succession de Pologne (1733-1738), etc.

La société française est, quant à elle, une société d'Ancien Régime, conservatrice et inégalitaire. Elle se divise en trois ordres hiérarchisés : la noblesse, le clergé et le tiers état. Mais la noblesse s'affaiblit et voit la montée en puissance d'une autre classe : la bourgeoisie. Celle-ci prospère par le commerce et la spéculation, mais connaît aussi des revers de fortune, comme en 1720 avec la faillite du système monétaire mis en place par l'Écossais John Law de Lauriston (aventurier, banquier et économiste, 1671-1729), dont Marivaux fait aussi les frais.

Les Lumières

On retient souvent du XVIIIe siècle qu'il est le « siècle des Lumières ». Ce mouvement d'effervescence intellectuelle, héritier de l'humanisme de la Renaissance, s'étend à toute l'Europe et détermine encore la société telle que nous la connaissons aujourd'hui. Par leurs paroles et leurs écrits, les philosophes remettent en question les anciens schémas de pensée, que dictaient la religion et l'obéissance aveugle au pouvoir absolu du roi ; ils affirment la prééminence de la raison sur la foi et la superstition.

En ce début de siècle, rayonnent déjà les pensées de Charles-Louis de Secondat, baron de La Brède et de Montesquieu (écrivain et philosophe français, 1689-1755) et, surtout, de François Marie Arouet, dit Voltaire. Leur travail de sape mène lentement la France vers sa Révolution de 1789.

Marivaux, tout épris qu'il est de vérité, d'égalité et d'honnêteté, participe aussi à sa façon de l'esprit des Lumières, mais
ses voies ne sont pas celles des grands philosophes, quoique
tous fréquentent pourtant les mêmes salons. Distant et
secret, il préfère mener en solitaire, par ses écrits d'opinion
comme par son théâtre, un combat de moraliste visant à
redresser les torts de la société.

Avant même d'être un bouleversement sociétal, les
Lumières sont un bouillonnement du savoir et des sciences,
détrônant progressivement la métaphysique. Les travaux
d'Isaac Newton (mathématicien, physicien et astronome
anglais, 1643-1727) et de Gottfried Wilhelm Leibniz (philosophe et mathématicien allemand, 1646-1716) commencent
à être diffusés, notamment grâce à la mathématicienne et
physicienne française Émilie du Châtelet (1706-1749). La
physique, les mathématiques, l'astronomie, l'ingénierie, le
travail des métaux ainsi que l'histoire naturelle progressent
comme jamais auparavant, grâce, entre autres, aux apports
de René-Antoine Ferchault de Réaumur (physicien et natu-
raliste français, 1683-1757).

Certes, l'*Encyclopédie*, grande œuvre collective destinée à
diffuser les « Lumières », n'est publiée qu'à partir de 1751,
mais elle s'inspire déjà d'entreprises antérieures comme la
Cyclopaedia ou Dictionnaire universel des arts et des sciences
de l'Anglais Ephraïm Chambers (éditeur et encyclopédiste
anglais, 1680-1740), parue à Londres en 1728, ou encore
le *Dictionnaire historique et critique* (1697) de Pierre Bayle
(écrivain et philosophe français, 1647-1706).

Peinture, musique et littérature

L'esprit du siècle se reflète dans les beaux-arts. En peinture, on admire par exemple le talent de Jean Siméon Chardin (1699-1779), qui séduit avec des natures mortes telles que *La Raie* (1728) et *Le Buffet* (1728). Son réalisme et son austérité sont cependant moins représentatifs de la frivolité du XVIIIe siècle, que l'esthétique plus nettement rococo d'Antoine Watteau – (*Pèlerinage à l'île de Cythère*, 1717) –, dont les toiles rappellent d'ailleurs l'atmosphère du théâtre marivaudien, ou de François Boucher (1703-1770).

Pèlerinage à l'île de Cythère, dit *L'Embarquement pour Cythère* par Antoine Watteau, 1717.

À l'étranger, l'Italie fascine, surtout Venise, si magnifiquement rendue par les « *vedute* » – ou « vues réelles » – de Giovanni Antonio Canal, dit Canaletto (1697-1768), qui s'attache à représenter des paysages urbains dans le respect des règles de la perspective.

En musique, le baroque est à l'honneur avec, en France, les compositeurs François Couperin (1668-1733) et Jean-Philippe Rameau (1683-1764) tandis qu'à l'étranger, ce sont Jean-Sébastien Bach (1685-1750), Georg Friedrich Haendel (1685-1759), Domenico Scarlatti (1685-1757) et, bien sûr, Antonio Vivaldi (1678-1741), dont *Les Quatre saisons* sont éditées en 1725, qui rencontrent le succès.

À une soixantaine d'années de la Révolution, la littérature ne se fait encore que timidement l'écho des Lumières. La surveillance d'État est forte, et l'on n'ose critiquer qu'à couvert. Ainsi, Montesquieu, dans *Les Lettres persanes* (1721), fait parler un étranger pour décrire ce que son propre pays peut avoir d'absurde. Il préfigure une satire de plus en plus ouverte dont Voltaire se fera le relais, avec ses *Lettres philosophiques* (1734), inspirées par son séjour en Angleterre, ou plus tard avec *Candide ou l'Optimisme* (1759), prototype du conte philosophique. Le voile de l'exotisme sert également d'alibi à Jonathan Swift (écrivain irlandais, 1667-1745) dans ses *Voyages de Gulliver* (1726), ainsi qu'à Françoise de Graffigny (femme de lettres française, 1695-1758) dans ses *Lettres d'une Péruvienne* (1747).

L'époque voit le développement du genre romanesque. Si le roman picaresque donne son dernier chef-d'œuvre avec l'*Histoire de Gil Blas de Santillane* (1715-1735) d'Alain-René Lesage (romancier et auteur dramatique français, 1668-1747), le *Robinson Crusoé* (1719) de Daniel Defoe (écrivain anglais, 1660-1731) est l'un des tout premiers romans d'aventures. La forme la plus appréciée reste celle du roman-mémoires, avec notamment *Manon Lescaut* (1731) d'Antoine François Prévost, dit l'abbé Prévost (écrivain et ecclésiastique français, 1697-1763), une œuvre qui, par les mœurs de ses personnages, fait scandale. Marivaux s'illustre aussi dans le genre avec ses deux romans *La Vie de Marianne* et *Le Paysan parvenu*.

Si les Lumières sont l'avant-garde, il est aussi des combats d'arrière-garde, dont un que Marivaux réactive : la querelle des Anciens et des Modernes. Celle-ci, née au XVIIe siècle, opposait :

- d'une part, les défenseurs de la tradition classique, prônant l'imitation des auteurs de l'Antiquité ; leur chef de file est Nicolas Boileau (écrivain français, théoricien du classicisme, 1636-1711) ;
- d'autre part, les tenants de la modernité, pour qui le génie littéraire est à trouver dans les auteurs du présent ; ils sont guidés par Charles Perrault (écrivain français, 1628-1703).

À travers cette querelle, qui n'est pas qu'un pur débat de style, s'affrontent des opinions qui tiennent du politique, entre esprits conservateurs et esprits progressistes, entre respect de l'autorité et remise en question des acquis du passé. Marivaux se positionne comme « Moderne » et l'illustre esthétiquement par ses pièces qui, ancrées dans leur temps, ne doivent rien à l'imitation.

Le théâtre

Les grands noms du règne précédent que furent Pierre Corneille (dramaturge français, 1606-1684), Jean Racine (dramaturge français, 1639-1699) et Jean-Baptiste Poquelin, dit Molière, continuent de s'imposer après leur mort comme des génies indépassables. Au XVIIIe siècle, s'ils produisent une quantité plus importante de pièces qu'au siècle précédent, les auteurs dramatiques ne surenchérissent pas vraiment sur la qualité et peu d'entre eux passeront à la postérité. La veine tragique trouve ses continuateurs avec Voltaire, alors surtout connu comme poète mondain (*La Henriade*, 1723) et comme dramaturge (*Œdipe*, 1718 ; *Brutus*, 1730 ; *Zaïre*, 1732), Antoine Houdar de La Motte et Prosper Jolyot de Crébillon, dit Crébillon père (1674-1762).

Dans le registre comique, Jean-François Regnard (1655-1709) apparaît quant à lui comme le plus digne successeur de Molière (*Le Légataire universel*, 1708), avec Alain-René Lesage (*Turcaret ou le Financier*, 1709). La comédie de mœurs, ainsi que des genres plus légers, à tonalité populaire ou campagnarde, comme le théâtre de foire, le vaudeville, l'opéra-comique ou la goguette, sont représentés par des anonymes ou des auteurs aujourd'hui oubliés, comme Philippe Néricault Destouches (1680-1754), Jacques-Philippe d'Orneval (mort en 1766) ou Florent Carton, dit Dancourt (1661-1725). Peu se distinguent donc dans cette production somme toute médiocre, hormis Claude Prosper Jolyot de Crébillon, dit Crébillon fils (1707-1777) et, bien sûr, Marivaux.

On ne saurait tout à fait comprendre l'art de Marivaux sans

étudier l'influence qu'a eue sur lui, et sur tout le théâtre comique, la *commedia dell'arte*. Née en Italie au XVIᵉ siècle, cette tradition italienne est le fait d'acteurs itinérants, incarnant des personnages typés dont ils prennent souvent le prénom comme nom de scène : jeune élégant (Lélio ; Léandre), belle coquette (Isabelle ; Silvia ; Flaminia), suivante (Colombine), vieillard avare (Pantalon), prétendu savant (*Il Dottore*), valet (Arlequin), etc. Ceux-ci brodent ou improvisent autour de canevas de base, en agrémentant le jeu de danses, d'acrobaties, de mimes et bientôt de feux d'artifice, etc. Importée en France, la *commedia dell'arte* est devenue la Comédie-Italienne, par opposition à la Comédie-Française, avec laquelle elle entretient longtemps une certaine rivalité.

Expulsés en 1697 par le roi Louis XIV, car ils avaient déplu à son épouse secrète, Madame de Maintenon (née Françoise d'Aubigné, 1635-1719), ils reviennent en 1716 sous la politique plus permissive du Régent et s'installent à Paris à l'Hôtel de Bourgogne, où ils connaissent le succès jusqu'en 1779 – date à laquelle ils sont à nouveau chassés.

Les conditions du spectacle théâtral sont alors très éloignées de celles que nous connaissons aujourd'hui. Les salles « à la française » sont des rectangles peu confortables, dotés d'une mauvaise acoustique et éclairés par des bougies. Le public du parterre s'y tient debout ; des sièges sont encore disposés sur la scène jusqu'en 1759. Les représentations commencent en général à 17 heures et alignent deux pièces (une longue suivie d'une courte). Le silence n'y est guère de mise : on y parle, on y crie, on y hue. Les pièces de Marivaux ne font pas exception à la règle, suscitant du public les réactions les plus variées. Acclamées, sifflées, certaines même parodiées, elles ne laissent pas le spectateur, d'hier comme d'aujourd'hui, indifférent.

ANALYSE DES PERSONNAGES

Les personnages du *Jeu* fonctionnent avant tout par couples
ou duos :

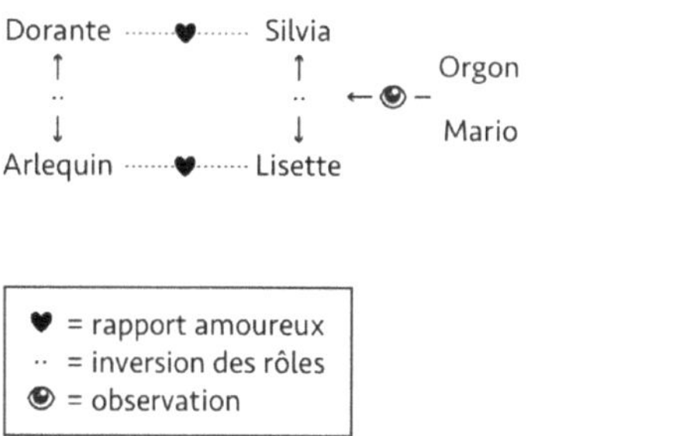

- les couples Dorante/Silvia et Arlequin/Lisette ;
- les duos maître-valet ou maîtresse-suivante formés par
  Dorante/Arlequin et Silvia/Lisette ;
- le duo de complices Orgon/Mario qui jouent le rôle
  d'observateurs.

SILVIA

Une femme de caractère

Comme souvent chez Marivaux, la femme est mise à
l'honneur. L'intrigue tourne en effet tout autour de Silvia,
qui est bien l'héroïne de la pièce. Au lever du rideau, celle-ci
s'affirme déjà comme une femme de caractère, non dispo-
sée à se laisser dicter sa conduite, que d'ailleurs son père,
complaisant, ne lui impose pas : « LISETTE – Quoi ! vous

n'épouserez pas celui qu[e Monsieur Orgon] vous destine ?
Silvia – Que sais-je, peut-être ne me conviendra-t-il point,
et cela m'inquiète. » (p. 20) Elle a donc une situation pri-
vilégiée par rapport à la norme de l'époque ; on pourrait
presque dire que c'est une « enfant gâtée ». Est-ce pour
mieux défendre une thèse audacieuse que Marivaux la fait
ainsi sortir du lot ?

Silvia exprime ses doutes sur le mariage, fondés sur une
certaine vision pessimiste de la société, et en particulier des
hommes : « Le fourbe ! Voilà ce que c'est que les hommes. »
(p. 23) Pour elle, ceux-là ont deux visages : l'un amène et sans
reproche, qui est celui qu'ils affichent en société ; l'autre,
tour à tour violent ou glacial, celui qu'ils réservent au foyer.
À travers ce constat amer d'une hypocrisie généralisée, on
comprend que Silvia place au-dessus de tout l'honnêteté
(« En un mot, je ne lui demande qu'un bon caractère », p. 22)
et son amour-propre qui lui interdit la moindre concession
ou indulgence sur ce point.

Il y a donc entre Silvia et Lisette, sa suivante, un effet de
contraste qui se révèle par le dialogue. Si Lisette fait preuve
de bon sens pragmatique et de conventionnalisme (« Un
mari, c'est un mari », p. 23), Silvia l'emporte clairement par
la raison et la droiture de sa morale toute personnelle.

Par sa bouche s'exprime aussi la détresse des femmes de
l'époque, peu enclines à se voir jeter dans le lit d'un inconnu
qu'on a choisi pour elles et dont elles ignorent tout. Il y a à
tout le moins un risque et une crainte à partager sa vie avec
quelqu'un dont on n'a pas pu éprouver le caractère ou tester
la compagnie au préalable.

L'épreuve galante

Pour contrer cet état de fait, Silvia entend défendre cette revendication de la femme moderne : faire connaissance avant de se marier (« Si je pouvais le voir, l'examiner un peu sans qu'il me connût ! », p. 26). Par son truchement, Marivaux se fait le précurseur de la pratique du rendez-vous galant. Et c'est là précisément ce que Silvia veut se ménager : un temps d'essai, un moratoire et l'opportunité de dire non si quelque chose ne lui convient pas, tout cela, sous le couvert d'un masque. Aussi veut-elle pouvoir observer tranquillement son promis.

Vaniteuse, mais aussi subversive, elle considère dès le début la possibilité de plaire à Dorante en tant que servante (« Franchement, je ne haïrais pas de lui plaire sous le personnage que je joue », p. 30) – ce qui adviendra. Silvia semble donc maîtresse du jeu ; elle dirige les opérations et contrôle la situation.

Mais ce à quoi elle ne pouvait s'attendre, c'est qu'au lieu d'observer celui qu'elle pensait qu'on lui promettait (Arlequin sous le masque de Dorante), elle se met à considérer quelqu'un qu'on ne lui promettait *a priori* pas (Dorante sous le masque de Bourguignon) ; qui plus est un valet ! Sa vanité première disparaît donc le temps de l'acte II, alors qu'elle se sent attirée par quelqu'un qui lui est socialement inférieur. Son malaise à l'idée d'aimer un homme de petite condition lui fait en quelque sorte perdre l'équilibre. Une femme de son rang aurait en effet tout à perdre à se marier plus bas qu'elle, ce qui n'est pas le cas d'un homme. Bien que cette situation soit impensable, les sentiments sont bel et bien présents. Silvia perd le contrôle et s'emporte.

Or son amour-propre ressurgit ensuite à l'acte III, lorsque la jeune femme, soulagée d'apprendre qui est Dorante, veut maintenant obtenir qu'il lui demande de l'épouser dans son état de servante ; et elle parvient à ses fins ! Au terme de la pièce, même si elle ne le dit pas expressément, on peut comprendre qu'elle a reconsidéré sa position sur le mariage et sur les hommes. Ayant trouvé quelqu'un de valeur et dont elle peut être aimée sans inquiétude, se marier redevient pour elle une option possible et même souhaitable : « Ah ! mon père, vous avez voulu que je fusse à Dorante. Venez voir votre fille vous obéir avec plus de joie qu'on n'en eut jamais. » (p. 107)

DORANTE

Interprété à l'époque des premières représentations par Luigi Riccoboni (comédien et écrivain italien, 1676-1753), dit Lélio, le rôle de Dorante est celui du jeune premier, beau et élégant. Il incarne l'amoureux transi et sincère. En parfait miroir de Silvia, il est lui aussi exposé à la surprise de l'amour (« Cette fille-ci m'étonne ! », p. 35). Voilà donc un semblant d'égalité de traitement entre sexes, puisqu'il n'y a pas de rapport de séduction à sens unique. Dorante, qui n'est ni Don Juan ni Casanova (aventurier vénitien séducteur, 1725-1798), a le coup de foudre, comme Silvia, et l'un et l'autre se cherchent timidement.

Ceci n'empêche pas Dorante d'être, lui aussi, taraudé par l'idée d'une mésalliance. Comment donc, épouser une soubrette ! Le fait qu'il soit le premier à avouer sa flamme et son identité à Silvia, à la fin de l'acte II, démontre en outre l'inégalité des hommes et des femmes face à l'engagement. Dorante a beau jeu, en effet, de déclarer son amour à une servante qu'il pourra, lui le maître, sans peine abandonner une fois son plaisir assouvi. Silvia ne s'y laisse pas prendre et a donc raison de le pousser davantage dans ses retranchements. Il se rend pourtant de bonne grâce et démontre son bon fond en cédant ses privilèges, gage d'amour supérieur aux vaines paroles.

À voir ainsi un personnage d'amoureux sincère, voire tourmenté, on pense au romantisme, et on n'aurait pas tout à fait tort, car Marivaux annonce bien, de loin, les préromantiques de la fin du siècle. Cependant, Dorante reste « XVIIIe » dans sa manière de ne pas se laisser submerger par l'émotion et de rester en toutes circonstances digne, fin, poli, à l'aise avec les mots et rusé. Il est un subtil mélange de badinage et d'amour franc.

À travers la relation Dorante-Silvia, Marivaux se positionne donc résolument en progressiste à tendance féministe. En revanche, ses positions sont moins tranchées en ce qui concerne la relation Dorante-Arlequin. En effet, alors que Lisette fait une Silvia tout à fait convenable, Arlequin n'est qu'une parodie de Dorante, un ersatz de maître. Entre eux deux, l'échange de costumes fait moins illusion et Arlequin, malgré ses grands airs, n'arrive pas à la cheville de Dorante, qui le lui fait bien sentir.

Il est à ce titre une scène, purement visuelle, que la tradition veut qu'on intercale à l'acte II, lorsque Dorante vient surprendre Arlequin pendant qu'il donne la sérénade à

Lisette : Arlequin fait l'important et profite de son habit en obligeant Dorante à ramasser son chapeau ; mais celui-ci, au moment de le lui remettre, l'humilie en lui administrant un violent coup de pied au fondement. Cette tradition a été entretenue jusqu'au xxe siècle par la Comédie-Française notamment. Jouée ou pas, elle n'est qu'un exemple parmi d'autres démontrant la supériorité naturelle que Marivaux continue de reconnaître aux hommes de condition représentés par Dorante.

LISETTE

« Faire-valoir » de Silvia, Lisette permet d'abord, par un jeu de contraste, de bien faire entendre l'opinion de sa maîtresse sur le mariage. Après le changement de costumes, elle se montre digne de son rôle et jouerait presque une Silvia crédible, si elle n'était aussi réceptive aux manières lourdaudes d'Arlequin. Elle ne fait en tout cas pas d'aussi grossières erreurs que lui. Elle est en quelque sorte une Silvia du peuple.

Ce qui la trahit et lui donne un côté comique, c'est son assurance toute neuve dans la séduction (elle est d'ailleurs jouée par de très jeunes actrices – parfois âgées d'à peine 13 ou 14 ans) et la certitude aveugle qu'elle a d'avoir mis le grappin sur Dorante (« Demain je me garantis adorée », p. 47). Elle quitte alors provisoirement ses usages de suivante pour affecter des manières de rivale. Mais quand elle apprend la supercherie, elle se montre indulgente. Ainsi, elle épousera Arlequin, en bonne perdante qui y gagne quand même : « Va, le mal n'est pas grand, consolons-nous. » (p. 98)

Avant d'être un personnage de Marivaux, Arlequin est un personnage de la *commedia dell'arte*. Issu du folklore italien, c'est un « type » bien établi, à l'aspect reconnaissable entre tous, avec son costume fait de bouts de tissus rapiécés de toutes les couleurs, son bâton et son masque noir. L'acteur vedette de ce rôle était à l'époque Thomassin. Dans *Le Jeu*, il introduit une dimension farcesque, dans une comédie par ailleurs tout en finesse sentimentale. Avec ses lazzis (jeux de scène bouffons), ses cabrioles, ses coups de pied au derrière – donnés ou reçus –, Arlequin fait de la pièce de théâtre une fête de carnaval, là où les amants véritables en font une fête galante.

Arlequin, dans certaines pièces, a pu jouer les amants. Il est ici avant tout le valet, comme d'autres, avant et après lui, qui illustrent si bien le théâtre français et italien : Scapin, Scaramouche, Mascarille, Crispin, Jodelet, Figaro. Il tient (un peu) tête à son maître, mais il déchante vite. Il a donc un côté ridicule, même s'il reste foncièrement rusé. Son amour pour Lisette est sincère (il lui demande de l'aimer « en dépit de toutes les fautes d'orthographe », p. 56), quoiqu'il se soit laissé dépasser par un costume trop grand pour lui et qu'il ne peut assumer jusqu'au bout. Il est alors comique dans sa gêne à se révéler tel qu'il est sans vouloir perdre l'amour de Lisette.

Père de Silvia, Orgon est bienveillant et laisse sa fille mener le jeu qu'elle souhaite, même si c'est en fait lui qui le mène car il est le seul – avec Mario – à connaître la vérité. Figure omnisciente et tutélaire, il est le relais sur scène du spectateur même, puisqu'il est, comme lui, l'observateur extérieur du « jeu » des amoureux, celui qui détient les clés de tous les quiproquos, mais décide de les garder cachées le temps que la magie opère (« J'ai mes raisons pour faire durer ce déguisement », p. 48). C'est aussi l'incarnation de Marivaux lui-même, avec ses positions libérales et progressistes.

Orgon diffère donc assez de la figure du père autoritaire ou bigot chez Molière. En le rendant accommodant, Marivaux évite de faire de lui un obstacle extérieur à l'amour de Silvia et Dorante et concentre toute l'attention sur les obstacles intérieurs. Ainsi, le père laisse à sa fille l'initiative de son mariage.

MARIO

Loin d'être des obstacles, les personnages secondaires jouent plutôt le rôle d'adjuvants, de révélateurs ou d'aiguillons. C'est le cas de Mario, qui cache derrière un comportement taquin une âme de frère tout aussi soucieux du bonheur de sa sœur que ne l'est leur père. Complice de Silvia à l'acte III – tout en faisant semblant qu'il vient comme elle d'apprendre l'identité réelle de Dorante –, il sert d'obstacle « pour de faux » en feignant auprès de Dorante qu'il prétend épouser « Lisette » (Silvia). Il ne verse pour autant pas dans la cruauté gratuite (Silvia est plus cruelle que lui), car il avoue à Dorante que son amour n'est pas payé de retour.

ANALYSE DES THÉMATIQUES

Le premier thème du *Jeu de l'amour et du hasard*, c'est évidemment l'amour. L'amour surgit tel qu'il doit surgir : sans qu'on s'y attende, comme par surprise. Silvia et Dorante en ont été d'autant plus frappés qu'ils s'en étaient par avance prémunis. Méfiants vis-à-vis des mariages arrangés, ils partent tous deux avec l'orgueil et les préjugés de leur caste, aveuglés tout d'abord par l'idée préconçue qu'ils se faisaient du mariage et de leur avenir :

> « SILVIA (*à part*) – Quel homme pour un valet ! (*Haut.*) [...] on m'a prédit que je n'épouserais jamais qu'un homme de condition, et j'ai juré depuis de n'en écouter jamais d'autres. DORANTE – Parbleu ! cela est plaisant ; ce que tu as juré pour homme, je l'ai juré pour femme, moi ; j'ai fait serment de n'aimer sérieusement qu'une fille de condition. » (p. 36)

Mais pris au dépourvu par le charme de la personne dont ils ne se méfiaient pas, ils sont « tombés amoureux », ils ont eu le « coup de foudre » l'un pour l'autre : hasard... ou destin. Car si le hasard semble bien présider à l'aventure au même titre que l'amour, il semble agir à des degrés divers : certes, c'est par hasard que les amants ont décidé du même stratagème ; mais le fait qu'ils se plaisent semblait déjà nettement moins hasardeux, sachant leurs caractères et leur position sociale, quand bien même cette dernière se trouve temporairement brouillée. Enfin, leur seule rencontre et le jeu même qu'ils se jouent n'étaient possibles que parce qu'Orgon les a orchestrés. Dans ce jeu de hasard qu'est l'amour, les dés auraient-ils été pipés ?

Du temps de Marivaux, il arrivait souvent que deux personnes se marient alors qu'elles ne se connaissaient qu'à peine, ou même ne s'étaient jamais rencontrées. Leur vie amoureuse se réduisait alors à cette triste équation : « rencontre = mariage ». Marivaux propose qu'il y ait, entre ces deux moments, un espace de « jeu » qui s'ouvre afin de permettre aux fiancés de se découvrir. C'est dans cet espace que se déploient non seulement la séduction, qui reste de l'ordre de la conquête rituelle, mais aussi toute la palette des sentiments et états d'âme qui peuvent naître entre deux êtres nouveaux l'un à l'autre. En cela, Marivaux se fait l'héritier des précieuses du siècle précédent, telles Madeleine de Scudéry (femme de lettres française, 1607-1701) et sa fameuse carte du Tendre (*Clélie, histoire romaine*, 1654-1660).

Cet espace de jeu libéré entre le premier regard et la demande en mariage est aussi le lieu de ce qu'on a appelé le marivaudage, cette manière d'approcher l'amour sans se rendre à lui, de vouloir apprivoiser l'autre tout en se laissant apprivoiser ; bref, toute la gamme des comportements amoureux prénuptiaux. En cela, Marivaux réactive au XVIIIe siècle la modalité courtoise de l'amour telle qu'elle s'était manifestée à la fin du Moyen Âge : il était alors de bon ton pour un soupirant de ne pas abuser de sa position de force en enlevant la femme à marier comme un dû, mais bien de chercher à obtenir qu'elle donne elle-même la clé de son cœur, gage au présent d'un amour heureux et réussi.

Et pour que l'amour reste un sujet léger, Marivaux donne à

sa version courtoise un pendant burlesque en la personne de Lisette et d'Arlequin. Autant ceux-là redoublent de timidité pour la raison qu'une mésalliance les effraie, autant ceux-ci n'y vont pas par quatre chemins, d'autant plus empressés dans leur attirance mutuelle qu'ils pensent chacun de leur côté avoir séduit, qui un maître, qui une maîtresse. Ils jouent en somme, sur le mode populaire, une même surprise de l'amour, s'exprimant chez eux par des tours propres à leur classe, surtout du côté d'Arlequin, dont le ridicule s'accroît par la vanité que son vêtement lui confère.

> « ARLEQUIN – Dites-moi un petit brin que vous m'aimez. Tenez, je vous aime, moi ; faites l'écho, répétez, princesse.
> LISETTE – Quel insatiable ! Eh bien, Monsieur, je vous aime. » (p. 54)

Leur amour est néanmoins aussi sincère que celui des deux autres, sinon plus, puisqu'il résiste même à une déception :

> « LISETTE – Touche là, Arlequin ; je suis prise pour dupe. Le soldat d'antichambre de Monsieur vaut bien la coiffeuse de Madame.
> ARLEQUIN – La coiffeuse de Madame !
> LISETTE – C'est mon capitaine, ou l'équivalent.
> ARLEQUIN – Masque !
> LISETTE – Prends ta revanche.
> ARLEQUIN – Mais voyez cette magotte, avec qui, depuis une heure, j'entre en confusion de ma misère !
> LISETTE – Venons au fait. M'aimes-tu ?
> ARLEQUIN – Pardi ! oui. En changeant de nom, tu n'as pas changé de visage [...]. » (p. 97)

L'ÉTUDE PSYCHOLOGIQUE DES SENTIMENTS

Le siège des sentiments et des passions, ce sont bien sûr le cœur et l'esprit. Pour en parler, ou plutôt pour en faire parler ses personnages, Marivaux nous ouvre la porte sur leurs soubresauts intérieurs et se livre ainsi à une analyse psychologique de l'âme humaine, notamment à la faveur des apartés :

> « SILVIA (*à part*) – S'il part, je ne l'aime plus, je ne l'épouserai jamais... (*Elle le regarde s'en aller.*) Il s'arrête pourtant ; il rêve, il regarde si je tourne la tête, je ne saurais le rappeler, moi [...]. Ne suis-je pas bien avancée ? Quel dénouement ! Dorante reparaît pourtant ; il me semble qu'il revient. Je me dédis donc ; je l'aime encore... Feignons de sortir, afin qu'il m'arrête ; il faut bien que notre réconciliation lui coûte quelque chose. » (p. 102)

Pudeur, amour-propre, fierté, vanité, crainte de la médiocrité, souci des apparences et force de caractère sont autant d'obstacles à l'amour, qui sont tous d'ordre intérieur. Aucun empêchement sérieux ne vient contrecarrer l'entreprise de l'extérieur : les pères de Silvia et Dorante sont tous les deux d'accord de laisser faire leur enfant comme bon lui semble ; aucun événement ne vient même perturber l'action de la pièce, dont le moteur est exclusivement d'ordre psychologique.

De fait, une fois passée la troisième scène du premier acte, où l'action peut encore se résumer par des événements (le promis de Silvia est annoncé, le stratagème est exposé, les fiancés se rencontrent), il devient difficile d'expliquer ce qu'il se passe ensuite sans avoir recours au langage du sentiment. Toute l'action n'est dès lors plus que sentimentale, et ce, jusqu'à la toute fin. On devine alors que les personnages se marieront – encore que le dénouement soit expédié, tant Marivaux ne se montre intéressé que par les jeux du cœur et les jeux de masques.

En raffinant sur les sentiments et leurs nuances, Marivaux fait le lit du romantisme et de la littérature introspective (ses romans, *La Vie de Marianne* et *Le Paysan parvenu*, sont d'ailleurs écrits à la première personne), celle qui développera, par le langage même, toute la complexité du moi. Il y a en tout cas chez Marivaux une volonté de cerner, par le langage, les contours imprécis et nébuleux de la conscience.

L'attirance pour l'autre sexe par exemple ne s'explique pas seulement par la beauté, la grâce ou l'agrément, catégories classiques héritées d'une approche antiquisante et érudite des sentiments amoureux, mais désormais perçues comme froides et dépassées. Marivaux le moderne veut pousser plus loin et sonder les tréfonds. Il y a, dans l'attirance vers l'autre, quelque chose d'inexplicable, d'irrationnel, quelque chose que les mots mêmes sont impuissants à rendre, quelque chose de proprement indicible : on l'appellera, faute de mieux, le « je-ne-sais-quoi », concept éminemment français (quoique si peu cartésien). C'est un amour intellectualisé, mais dont le fin mot reste mystérieux. L'« amour à la française » doit beaucoup à Marivaux !

> « Silvia (*seule*) – Ah ! que j'ai le cœur serré ! Je ne sais ce qui se mêle à l'embarras où je me trouve ; toute cette aventure m'afflige : je me défie de tous les visages ; je ne suis contente

de personne, je ne le suis pas de moi-même. » (p. 74)

LE DÉGUISEMENT

C'est le thème le plus évident car il est scénique par nature :
les personnages se travestissent, changent de vêtements,
portent des masques – au figuré comme au propre, car
rappelons-nous que la pièce est jouée par les Comédiens-
Italiens, selon une tradition théâtrale encore proche du
divertissement forain ou carnavalesque.

C'est d'ailleurs une esthétique du carnaval qui prévaut ici :
pendant le carnaval, on sait que l'ordre social est abandonné
pour un temps, que les masques introduisent de l'anarchie
là où, en temps normal, un homme ou une femme se définit
selon sa tenue. Ce thème est le ressort dramatique même
de la pièce qui consiste, en une heure et demie, à brouiller
les cartes. L'intérêt est que ce mélange des cartes, ce « mensonge » temporaire aura pour conséquence de mieux faire
surgir la vérité des cœurs :

> « MARIO – [...] il faudra bien qu'ils se parlent souvent tous
> deux sous ce déguisement. Voyons si leur cœur ne les aver-
> tirait pas de ce qu'ils valent. Peut-être que Dorante prendra
> du goût pour ma sœur, toute soubrette qu'elle sera, et cela
> serait charmant pour elle. » (p. 29)

Le masque est révélateur en même temps qu'il est dissimu-
lateur. On sait Marivaux très attaché personnellement à
la vérité, à l'honnêteté ; on serait en droit de s'étonner de
le voir user à ce point des masques et des déguisements,
si ceux-ci ne servaient pas tant à déshabiller qu'à habiller,

à montrer qu'à cacher. Les personnages, au demeurant, jouent assez mal leur rôle : leur vraie nature transparaît sous l'habit, et l'on se demande presque comment ils se laissent berner les uns les autres.

Arlequin surjoue et met les pieds dans le plat, demandant dès l'entrée qu'on appelle « son beau-père » et « sa femme » alors que le mariage n'est pas encore fait ! Quant à Dorante et Silvia, ils font de si piètres valets que Mario doit les rappeler à l'ordre (et à leur condition). Il n'y a pas que le cœur qui puisse avertir nos protagonistes du tour qui leur est joué !

À un autre niveau, le thème du déguisement rend la pièce de Marivaux très moderne. C'est qu'en faisant se déguiser les personnages, et en faisant observer leur jeu par un duo de témoins (Orgon et Mario), Marivaux ajoute un niveau à la comédie : il y a, dans le spectacle qui se joue devant nos yeux, un autre spectacle qui se joue devant les personnages eux-mêmes. Les acteurs, déguisés, jouent en effet des personnages qui se déguisent eux-mêmes ! Cette mise en abyme, sous forme de comédie dans la comédie, dénote une réflexion sur l'essence même du théâtre.

Toute cette approche complexe, privilégiant le double sens, l'ambiguïté, le changement d'identité et le quiproquo, participe d'une esthétique baroque qui se retrouve dans tout l'art du XVIIIe siècle, pourtant connu comme le siècle des Lumières et donc, logiquement, de la raison et de la clarté. Marivaux combine en quelque sorte ces deux aspects, puisque son traitement baroque sert une pensée éclairée. Ses jeux de mensonges et de masques ne servent pas autre chose que la vérité.

Le but de Marivaux est celui des Lumières : découvrir la vérité. Mais si la vérité est unique (dit-on), les manières d'y arriver sont multiples. Les philosophes privilégient la réflexion pure, les scientifiques l'observation et l'expérimentation tandis que les artistes se rendent attentifs à la recherche esthétique. Alors pourquoi pas le mensonge ? Ne dit-on pas qu'il faut laisser un menteur mener son boniment jusqu'au bout, et qu'il se démasquera de lui-même ?

L'ORDRE SOCIAL

Une contestation limitée

Par la peinture de personnages qui apprennent à s'aimer malgré une (apparente) différence sociale, Marivaux semble faire primer le mérite personnel sur la naissance (« Dorante – [...] le mérite vaut bien la naissance », p. 106 ; « Arlequin – Avant notre connaissance, votre dot valait mieux que vous ; à présent, vous valez mieux que votre dot », p. 108). Ce faisant, il réfuterait la domination naturelle de la noblesse, semblant proclamer qu'au fond, tout le monde se vaut.

Il convient tout de même de tempérer la portée révolutionnaire du propos. En dépit de leurs masques, la nature des personnages les rattrape :

- Arlequin ne peut s'empêcher, tout baronnet qu'il prétend être, de se montrer maladroit et ridicule ;
- Lisette reste attirée, comme instinctivement, par l'homme de la même condition qu'elle, quand bien même elle pense qu'il lui est socialement supérieur ;

- de leur côté également, Dorante et Silvia n'ont en quelque sorte pas été dupes de leurs déguisements respectifs et se sont reconnus malgré eux. Certes, la noblesse de l'âme vaut mieux que celle du sang, mais s'il se trouve que les deux coïncident, où réside le changement ?

Ainsi s'arrête la subversion du *Jeu*. Le désordre instauré dans les rapports sociaux ne dure en fin de compte que le temps d'un jeu ; c'est une récréation, une bouffée d'air frais, mais à la fin, tout le monde reprend sa place. L'espoir d'une élévation sociale pour les valets, tout comme le risque d'une mésalliance pour les maîtres, n'ont été qu'illusoires. La transgression n'est qu'une transgression de carnaval. Bornée aux limites de la fête, elle ne bouleverse pas durablement le cours ordinaire des choses. Sans doute Marivaux ne pouvait décemment aller plus loin dans la provocation, lui qui trouvait dans la haute société son public, à qui il ne pouvait déplaire sans prendre le risque de n'être pas joué ni entendu. Il a en somme relevé la gageure de faire passer un propos aussi révolutionnaire que possible auprès d'une audience qui n'était pas naturellement prête à l'écouter.

Malgré tout, les personnages ne sortent pas inchangés de la mascarade qu'ils ont jouée – Silvia accueille maintenant avec joie l'idée d'un mariage, tandis que Dorante a fait preuve d'humilité en renonçant à son désir d'épouser une femme de condition pour se marier à une soubrette : les germes de la révolte sont plantés, même s'ils ne portent pas encore leurs fruits.

Mais le principal mérite contestataire de Marivaux est peut-être d'avoir favorisé, en littérature, l'émergence de l'individu. Rappelons que, dans la société d'Ancien Régime, l'État prime sur la personne. Autrement dit, avant d'être un individu doué d'une personnalité propre, on est d'abord, au choix : un noble, un paysan, un religieux, un bourgeois. En sondant les pensées et les sentiments intimes de ses personnages ainsi qu'en parlant de mérite et de qualités personnelles, Marivaux développe une compréhension du « moi » qui dépasse les clivages sociaux et qui, un ou deux siècles plus tard, de Jean-Jacques Rousseau (écrivain et philosophe francophone, 1712-1778) à Marcel Proust (écrivain français, 1871-1922), sera la seule vérité des êtres…

La femme et sa liberté

Silvia, en voulant être maîtresse de son destin, donne voix à la revendication féminine qui est de ne pas laisser les hommes (pères ou maris) décider pour elles de leur sort. Tout au long de la pièce, c'est elle qui mène la danse – ou presque, puisqu'il fallait tout de même qu'Orgon donne son aval. En tout cas, en ce qui concerne le jeu amoureux avec Dorante, c'est clairement elle qui a la main, en particulier à l'acte III où, une fois Dorante démasqué, elle se joue de lui pour obtenir sa totale soumission, à savoir l'abandon de ses prérogatives. Peut-être est-elle consciente qu'il n'y a guère que là, dans la comédie de l'amour avant le mariage, avant que la norme ne reprenne le dessus, que la femme a une chance de dominer l'homme.

Dans le jeu de la séduction, la société n'a pas de prise : on peut donc se permettre de bafouer les règles, d'autant plus allègrement qu'on ne pourra plus le faire par la suite. Si les femmes de Marivaux semblent si libres, c'est qu'on les croise au moment où elles peuvent, un bref instant, avoir l'illusion de l'être. Restons réalistes : la libération de la femme est encore loin ; mais avant de se réaliser, elle a besoin de se re-vendiquer, de se projeter, ne serait-ce que dans une illusion, de se donner un rêve digne qu'on se batte pour lui.

Le mariage

Alors que le risque de mésalliance plane sur toute l'intrigue et commande l'attitude des personnages principaux qui, au-trement, se livreraient sans remords à leur amour, la fin de la pièce, en levant le danger en même temps que les masques, offre un *happy end* en forme de (double) mariage. Est-ce l'image du bonheur ? Fallait-il que le renversement des rôles et la remise en question des valeurs admises débouchent sur un retour à la norme aussi fort que le mariage ?

Toute libertine que soit son époque, Marivaux ne va pas jusqu'à prôner (ici du moins) le concubinage ou l'amour libre (qu'il a pourtant, semble-t-il, pratiqué) : l'amour, même le plus sincère, a pour conséquence le mariage – nous voilà donc revenus à une équation des plus simples ! Impossible, en son temps, de prétendre défendre davantage. Et il semble après tout cohérent qu'un amour véritable tel qu'il est né entre Silvia et Dorante soit suivi de la promesse d'une vie passée ensemble. Le mariage est donc la donnée.

Ce qui change en revanche, c'est la conception du mariage, qui ne doit plus être dicté par la seule raison ni par l'intérêt des familles, mais par l'amour qui unit et qui est le véritable gage de sa longévité. Marivaux souhaite en somme que les gens qui se marient soient heureux, que le mariage ne soit pas un frein au bonheur, mais bien sa condition. Ce faisant, il défend une vision bourgeoise de l'union matrimoniale, qui semble rejoindre ses revendications sociales.

STYLE ET ÉCRITURE

Le style d'un auteur, avant d'être affaire de mots, se révèle d'abord dans son art de construire, qui plus est quand il s'agit d'une pièce de théâtre, où la structure conditionne l'existence même de l'œuvre, divisée en actes et en scènes.

La structure

- **acte I.** Mise en place de l'intrigue :
  - introduction des personnages, qui se présentent tout de suite par « paires » : Silvia et Lisette, Orgon et Mario, Dorante et Arlequin ;
  - exposition du stratagème : les paires Silvia/Lisette et Dorante/Arlequin vont s'inverser et interagir entre elles, annonçant les futurs couples Silvia/Dorante et Lisette/Arlequin ;
  - les personnages se rencontrent et le « jeu » est lancé.
- **acte II.** Développement de l'intrigue, avec effets de miroir entre les deux couples :
  - le couple Silvia/Dorante se découvre timidement : chacun est intrigué de voir en l'autre un caractère qu'il n'attendait pas. Ils font pourtant montre d'une certaine réticence, étant donné que succomber à la passion équivaudrait pour chacun à une mésalliance ;
  - le couple Lisette/Arlequin se fait une cour plus effrontée, avec d'autant moins de retenue qu'ils imaginent quant à eux avoir trouvé un parti socialement plus élevé ;

- changement de donne dans le jeu des masques : Dorante révèle qui il est tandis que Silvia décide de rester cachée et affine le stratagème par une mise à l'épreuve de son prétendant.
- **acte III.** Épreuve et dénouement :
  - Silvia met Dorante à l'épreuve ;
  - Arlequin et Lisette s'avouent leur véritable identité ;
  - Dorante veut épouser Silvia sous son masque, qu'elle s'empresse d'ôter ;
  - tout le monde est démasqué et heureux.

Pourrait-on encore simplifier l'intrigue en trois grandes étapes : on se déguise, on se découvre, on se dévoile. La structure est ainsi assez simple dans un premier temps, on dirait même « classique », puisqu'elle respecte les trois unités de temps (tout se passe en un jour), de lieu (on ne quitte pas la maison) et d'action (l'intrigue se réduit au jeu auquel se livrent les personnages).

L'action

Alors que le format théâtral « de prestige » est en cinq actes, Marivaux opte dans toutes ses pièces pour une division en trois actes, voire en un seul. Il en résulte une grande rapidité de l'action, qui peut surprendre : en une heure et demie, des personnages qui ne se connaissent ni d'Ève ni d'Adam se voient pour la première fois, tombent amoureux et se demandent en mariage ! Il y va évidemment de l'illusion théâtrale, dont l'auteur tire parti pour concentrer en peu de temps son propos… qui est, paradoxalement, de dire que les hommes et les femmes doivent prendre le temps de se connaître avant de se marier ! Mais ce propos ne ressort-il pas ainsi de façon plus éclatante que si l'action, dans une perspective certes plus réaliste, s'était étendue sur plusieurs jours ?

Malgré cette rapidité, on ne peut s'empêcher de constater qu'il se passe en fait peu de choses dans *Le Jeu*, au point qu'on pourrait parler, un peu paradoxalement, d'une pièce « anti-dramatique », non seulement parce qu'elle est très gaie (en prenant « dramatique » dans le sens moderne de « tragique »), mais surtout parce qu'elle semble si pauvre en événements. En effet :

- la véritable action y est rare, presque inexistante – en revanche, les rebondissements, s'ils ne sont pas d'ordre événementiel, sont d'ordre sentimental ;
- aucune nouvelle information n'est apportée : le jeu des masques ne trompe que les personnages, pas le spectateur, qui est omniscient et sait d'avance qui est qui – en revanche, il ne sait pas selon quelles modalités les personnages vont se démasquer ;
- à la fin, tout le monde reprend sa place, et Silvia épouse Dorante comme on attendait qu'elle le fasse – en revanche ses motivations ont changé et elle se marie désormais de son plein gré.

Le ressort véritable de l'intrigue est donc subtil, il ne se laisse pas tout de suite voir, décourageant parfois les moins téméraires, qui voient là un théâtre bavard où il ne se passe rien. Ce serait ne pas voir son côté très pur, où le manque d'action laisse d'autant plus de place pour se concentrer sur le jeu des cœurs et la finesse de la langue.

L'intrigue

Cet aspect épuré, presque classique (respect des trois unités de temps, de lieu et d'action), renforcé par une langue nette, analytique, sans fioritures, au vocabulaire simple, contraste avec un traitement, quant à lui beaucoup plus baroque, des rapports entre les personnages, au point que la pièce peut s'avérer difficile à suivre pour qui la verrait pour la première fois. Pour bien comprendre, il faut en effet constamment avoir à l'esprit :

- ce que les personnages sont réellement (leur véritable identité) ;
- ce qu'ils pensent que les autres sont (leur point de vue sur les autres) ;
- ce que les autres pensent qu'ils sont (le point de vue des autres sur eux).

Le spectateur, même s'il sait qui est qui, doit donc aussi pouvoir, à tout moment, se souvenir de ce que chaque personnage sait ou ignore sur les autres. Ainsi, au début de l'acte III, Mario parle à Dorante comme s'il s'adressait à Bourguignon, alors qu'il sait qu'il s'agit de Dorante ; mais Dorante ignore que Mario le sait ! Autre exemple : vers la fin de la pièce, Arlequin revient vers Dorante en lui disant que « Silvia » (autrement dit Lisette) partage les sentiments qu'il vient de lui avouer. Or Dorante croit encore à ce moment-là que Lisette est Silvia, ce dont Arlequin se joue puisqu'il sait, lui, qui est Lisette, et qui est Silvia.

Ces rapports sont d'autant plus complexes qu'ils évoluent à mesure que les personnages ôtent leur masque et donc modifient le point de vue des autres sur eux. Avec ces six personnages, une multitude de combinaisons est possible !

En conséquence, la structure générale du *Jeu*, par sa simplicité, peut être qualifiée de classique. En revanche, son intrigue (comme ses thématiques) relève d'une esthétique baroque. Enfin, le ressort de son action, subtil car purement sentimental, dépasse ce clivage et s'affirme comme le ferment d'une modernité qui explique la pérennité de la pièce.

LA « PATTE » DES COMÉDIENS-ITALIENS

Une certaine tradition française du théâtre, vénérant les « classiques » avec peut-être un peu trop de respect (notamment en surévaluant l'importance du texte), a fait oublier avec le temps qu'une tradition plus ancienne, dite « à l'italienne », existait à l'époque du *Jeu*. N'oublions pas qu'avant d'être inscrite au répertoire de la Comédie-Française et de devenir un classique des écoles, la pièce fut créée par les Comédiens-Italiens, dont le jeu se ressentait d'une influence populaire, voire foraine, tout droit issue de la *commedia dell'arte*. On en retrouve ici certaines caractéristiques.

Comédiens italiens dans un jardin, peint par Jean-Baptiste Oudry au XVIIIe siècle.

L'importance du jeu scénique

C'est certainement l'aspect le plus négligé par les mises en scène postérieures au XVIIIe siècle. L'intérêt exclusif pour le texte a fait oublier que la part de l'interprétation était grande, quoiqu'elle n'était pas nécessairement consignée dans la pièce elle-même, où l'on ne trouve aucune didascalie. Marivaux faisait en effet confiance aux Italiens, dont il appréciait le jeu, pour agrémenter ses dialogues par des effets de scène. La plupart ne nous sont pas parvenus, mais on sait néanmoins que le public était friand des clowneries d'Arlequin, toujours bon candidat pour une cabriole, une chute ou un coup de pied au derrière. Sa dernière phrase, qui clôt la pièce, « Allons, saute marquis ! », laisse deviner qu'une acrobatie, voire une danse, venait prolonger le divertissement.

L'enchaînement des répliques

La *commedia dell'arte* était probablement plus proche de ce qu'on appelle aujourd'hui les spectacles d'improvisation. Les personnages, stéréotypés, permettaient, à partir de quelques traits de caractère, de broder autour d'un canevas en improvisant. Or l'un des ressorts de l'improvisation consiste à rebondir rapidement sur la réplique de l'autre, en reprenant par exemple l'un de ses mots. Les dialogues du *Jeu* sont ainsi régulièrement élaborés sur ce modèle ; les reprises lexicales et syntaxiques, ainsi que les jeux de questions/réponses, y concourent à la vivacité des échanges :

> « LISETTE – Je ne saurais, Madame.
> SILVIA – Vous ne sauriez ? Et qu'est-ce qui vous en empêche ?
> LISETTE – Monsieur Orgon me l'a défendu.
> SILVIA – Il vous l'a défendu ! Mais je ne reconnais point mon père à ce procédé-là ! » (p. 58-59)

La modestie du jeu

À l'époque, le jeu purement français consistait à déclamer son texte avec beaucoup d'emphase, d'un ton complète-ment artificiel et de manière quasi statique : il fallait admi-rer l'artiste. Marivaux n'affectionnait pas cette approche et aspirait à un théâtre moins grandiloquent et plus naturel (voir Une esthétique du naturel). Les Italiens étaient connus pour jouer comme une troupe, tous ensemble sur le même pied, et non comme d'égoïstes divas.

Aussi, dans *Le Jeu*, aucun personnage n'est proéminent par rapport aux autres, qui ont tous leur importance : le couple Silvia/Dorante est bien sûr au centre de l'attention, mais il n'aurait pas beaucoup d'intérêt sans son contrepoint comique Lisette/Arlequin, et tous quatre ne se trouvent là que parce que le duo Orgon/Mario a permis leur rencontre et les observe en témoins. La mécanique ne fonctionne qu'avec les six personnages, dont aucun n'est accessoire.

Une esthétique du naturel

Marivaux voulait une langue qui soit proche de la conversation courante, du moins de celle qui avait cours dans les salons qu'il fréquentait, où elle faisait figure d'art. Fi donc des tirades sans fin, des syntaxes archaïques, des répétitions qui sonnent faux : le discours doit couler comme le flux d'une discussion entre gens du monde.

Pour autant, il ne faut pas confondre « naturel » et « réaliste » : il s'en faut de beaucoup que la langue du *Jeu* ne se confonde à nos oreilles avec le parler de la rue. L'esthétique du naturel reste une esthétique. On imagine qu'elle devait beaucoup au jeu des acteurs, censés parler avec frivolité, sans mettre trop de profondeur derrière leurs mots. Le texte même nous renseigne un peu sur cette approche : brièveté des répliques, sens de la répartie, tournures plaisantes propres au « bel esprit » du temps, etc. Les personnages eux-mêmes, tempérés, jamais excessifs, semblent s'éloigner des caractères monomaniaques de Molière.

Conséquence directe des caractéristiques du jeu « à l'italienne » décrit précédemment, mais distinct de la « farce » – que ce type de jeu pouvait inclure aussi –, le comique du *Jeu* est l'une de ses qualités les plus appréciées. Il vient apporter à la pièce des moments de relâchement bienvenus, que ses passages plus pathétiques rendraient autrement trop pesante. Par quoi l'on voit qu'il est éminemment affaire de rythme.

On distingue plusieurs formes de comique à l'œuvre :

- **le comique de situation**, directement lié aux divers quiproquos et malentendus que le jeu des masques entraîne, et dont le spectateur possède la clé. Par exemple, lors de la scène du double aveu de Lisette et d'Arlequin, le spectateur rit car il sait ce que les personnages ignorent encore et qui rend leur situation embarrassante ;
- **le comique de caractère**, qui surgit dans les comportements des valets se prenant pour des maîtres, et des maîtres obligés d'agir comme des valets. Les uns et les autres font rire parce que, obligés d'adopter la position et donc l'attitude de ce qu'ils ne sont pas, ils révèlent ce que l'état de maître ou de valet a de singulier et, peut-être, de ridicule : « ARLEQUIN – Ah ! te voilà, Bourguignon ! Mon portemanteau et toi, avez-vous été bien reçus ici ? DORANTE – Il n'était pas possible qu'on nous reçût mal, Monsieur. » (p. 41) Par ce comique de caractère, Marivaux s'affirme en tant que moraliste, respectueux de l'adage *castigat ridendo mores*, selon lequel la comédie « corrige

les mœurs par le rire » ;

- **le comique verbal** est à l'œuvre dans la langue employée :
  - Arlequin emploie par affectation un langage imagé qui frise parfois le ridicule, tant on sent qu'il se perd lui-même dans ses images : « Monsieur, mille pardons ! c'est beaucoup trop ; il n'en faut qu'un, quand on n'a fait qu'une faute. Au surplus, tous mes pardons sont à votre service. » (p. 45) Ou encore, lorsqu'il fait la cour à Lisette :

  > « ARLEQUIN – Vous vous trompez, prodige de mes jours, un amour de votre façon ne reste pas longtemps au berceau ; votre premier coup d'œil a fait naître le mien, le second lui a donné des forces et le troisième l'a rendu grand garçon ; tâchons de l'établir au plus vite ; ayez soin de lui, puisque vous êtes sa mère. » (p. 51)

  - certains jeux sur les mots sont tout à fait savoureux, comme lorsqu'Arlequin, au moment d'avouer à Lisette sa véritable identité, craint que la sonorité de son nom n'évoque le mot « coquin », avant d'être pris au dépourvu par un autre qualificatif : « LISETTE – Faquin ! ARLEQUIN (*à part*) – Je n'ai pu éviter la rime. » (p. 96) D'autres relèvent de figures de style propres au bel esprit, comme ici : « LISETTE – Mais si je le lui dis un peu, il le saura tout à fait. » (p. 91) ;
  - une grande variété de tons et de niveaux de discours est également à l'œuvre, qui rend certains passages comiques, comme lorsque Lisette prévoit les scénarios possibles de l'histoire : « Un duo de tendresse en décidera, comme à l'Opéra : Vous me voulez, je vous veux ;

vite un notaire ! ou bien : M'aimez-vous ? non ; ni moi
non plus ; vite à cheval ! » (p. 25)

LE MARIVAUDAGE

Ce n'est pas la première fois que nous évoquons le marivaudage (voir <u>Analyse des thématiques</u>). De fait, le concept est
malaisé à fixer car sa définition est multiple :

* à un niveau thématique, on a vu qu'il équivalait à cette
  « danse des sentiments » à laquelle les personnages
  principaux s'adonnent pour parler de leur amour sans
  aller trop vite ;
* au niveau de l'intrigue, il est un ressort dramatique
  essentiel puisque, retardant le moment de l'aveu et le
  dénouement, il est ce qui fait tenir toute la pièce ;
* enfin – et c'est par là qu'il a pu devenir péjoratif –, il a
  été synonyme d'une affectation de style, d'une préciosité
  excessive de l'expression.

Pour reprendre sur ce dernier point, il est vrai que les personnages recourent de temps à autre à des expressions ou à des
tournures qui peuvent paraître alambiquées (« DORANTE –
J'ai de la peine à partir sans vous avoir convaincue que je
n'ai pas tort de le faire. », p. 103), jouant parfois sur un faux
contresens (« DORANTE – Vous m'aimez donc ? SILVIA – Non,
non ; mais si vous me le demandez encore, tant pis pour
vous », p. 105) ou raffinant sur le concept (« MONSIEUR
ORGON – Quelle insatiable vanité d'amour-propre ! », p. 90).
De tels morceaux sont cependant loin d'affecter la compréhension et la clarté du discours en général.

On conçoit cependant qu'un tel parti pris langagier ait pu surprendre à l'époque car il était neuf, et que le public n'en était pas coutumier. Mais il n'y a aujourd'hui plus guère de raison à y voir malice, et le marivaudage nous revient désormais comme le plus beau legs de son auteur : une forme de discours qui cherche à coller au plus près au contour des sentiments qu'il veut exprimer, à approcher l'indicible, à prendre des pincettes pour avouer quelque chose sans effaroucher, à prendre son temps, en somme, pour faire sa cour :

> « Silvia – Ah ! nous y voilà ! il ne manquait plus que cette façon-là à mon aventure. Que je suis malheureuse ! c'est ma facilité qui le place là. Lève-toi donc, Bourguignon, je t'en conjure ; il peut venir quelqu'un. Je dirai ce qu'il te plaira ; que me veux-tu ? je ne te hais point. Lève-toi ; je t'aimerais, si je pouvais ; tu ne me déplais point ; cela doit te suffire. » (p. 67)

LA RÉCEPTION DU *JEU DE L'AMOUR ET DU HASARD*

Le Jeu de l'amour et du hasard rencontre un beau succès lors de sa création le 23 janvier 1730, même si les 14 représentations de sa première saison semblent aujourd'hui constituer un nombre peu élevé. Le 28 janvier, la pièce est jouée devant la cour, à Versailles. La presse lui fait bon accueil, mais lui réserve aussi quelques reproches, notamment quant au troisième acte, que certains trouvent superflu :

> « On aurait voulu que le second acte eût été le troisième, et l'on croit que cela n'aurait pas été difficile ; la raison qui empêche Silvia de se découvrir après avoir appris que Bourguignon est Dorante, n'étant qu'une petite vanité, ne saurait excuser son silence ; d'ailleurs, Dorante et Silvia étant les objets principaux de la pièce, c'était par leur reconnaissance qu'elle devait finir, et non par celle d'Arlequin et de Lisette [...]. » (*Le Mercure de France*, avril 1730)

Difficile aujourd'hui d'adhérer à ce jugement, puisqu'il semble au contraire que la décision de Silvia relance intelligemment le stratagème des déguisements en introduisant les thèmes de la mise à l'épreuve, de la mésalliance et de la condition féminine. Mais à l'époque, la vraisemblance de l'intrigue est encore l'un des principaux critères. Le public s'étonne d'ailleurs aussi de voir Silvia accorder quelque crédit à cet Arlequin déguisé en maître, se laissant ainsi tromper sur sa véritable identité.

Après 1730, la pièce est régulièrement reprise, au moins jusqu'en 1762, année où les Italiens fusionnent avec l'Opéra-Comique. Avec le contexte prérévolutionnaire, les jugements sur Marivaux deviennent plus mitigés. Jean Le Rond d'Alembert (philosophe et mathématicien français, 1717-1783) écrit à son sujet un éloge en demi-teinte (1779), tandis que Denis Diderot (écrivain, philosophe et encyclopédiste français, 1713-1784) est le premier à forger le néologisme « marivauder », qu'il emploie péjorativement.

> « Il est surprenant que Marivaux, donnant, pour ainsi dire, toujours la même comédie sous différents titres, n'ait pas été plus malheureux sur la scène [...] Plus d'un auteur s'est répété moins souvent et avec moins de succès et de bonheur. » (« Notes sur l'éloge de Marivaux », in *Œuvres de d'Alembert (tome 3)*, Paris, Belin et Bossange, 1821, p. 610-611)

En général, les encyclopédistes le considèrent comme un auteur mineur. Il est vrai que la gloire de Beaumarchais a pu rétrospectivement faire passer son prédécesseur pour timoré au regard d'une contestation sociale qu'il ne pouvait assumer jusqu'au bout. Marivaux entendait :

- corriger les mœurs, non renverser la société ;
- pousser à la réflexion, pas à la révolution ;
- rendre les maîtres plus bienveillants vis-à-vis de leurs valets, pas en faire leurs égaux.

Pourtant, les préoccupations du dramaturge, si l'on prend aussi en compte ses écrits romanesques et journalistiques, embrassaient bien les concepts d'égalité, de liberté et de fraternité. Mais, s'adressant à un public de nantis, il ne pouvait pousser plus loin son propos, toujours enrobé d'une dose de frivolité qui semble, pour certains, en atténuer la portée.

Intégrée au répertoire de la Comédie-Française, la pièce est l'une des rares de son auteur à être jouée au cours du XIXᵉ siècle, période de purgatoire. Elle est l'occasion pour de nombreux grands acteurs et actrices de s'y illustrer, et ce, au prix d'une interprétation devenue beaucoup plus conventionnelle qu'à ses débuts, et aussi plus sérieuse. Pour cette raison, elle a passé aux yeux de quelques générations pour une pièce affectée, alourdie de paroles et sans portée véritable, réputation qu'elle traîne encore parfois jusqu'à nos jours. Malgré cela, de grands noms parmi les critiques (Sainte-Beuve, 1804-1869), les dramaturges (Jean Giraudoux, 1882-1944) et les écrivains (Jules Renard, 1864-1910) refont à Marivaux une réputation et lui accordent à nouveau une profondeur qu'on semblait lui avoir fait perdre.

> « C'est un théoricien et un philosophe, beaucoup plus perçant qu'on ne croit sous sa mine coquette. » (SAINTE-BEUVE (Charles-Augustin), cité dans GAZAGNE (Paul), *Marivaux*, Paris, Seuil, 1997, p. 180)

POSTÉRITÉ SCÉNIQUE, FILMIQUE ET LITTÉRAIRE

Ce n'est qu'au XXᵉ siècle qu'a lieu une vraie relecture de Marivaux et du *Jeu* en particulier, dont les origines italiennes (gestuelle, lazzis, fanfaronnades, etc.) sont mises en évidence. Xavier de Courville (écrivain et directeur de théâtre français, 1894-1984) fait revivre le répertoire marivaudien dans les années 1920, suivi plus tard par Jean-Louis Barrault (comédien, metteur en scène et directeur de théâtre français, 1910-1994), dont l'épouse, la comédienne Madeleine Renaud (1900-1994), reprend le rôle de Silvia entre 1935 et 1960. Parmi les autres metteurs en scène de son théâtre, on compte aussi Roger Planchon (1931-2009) et Patrice Chéreau (1944-2013).

Certaines mises en scène audacieuses marquent leur temps, grossissant tantôt le côté farcesque, tantôt le côté contestataire de l'œuvre ; parfois jouant d'effets de mise en scène censés accentuer le côté artificiel, comme cette fois où les acteurs jouaient avec des masques de singes, et cette autre où Mario portait des ailes de Cupidon. Mais ces audaces restent exceptionnelles – et on peut douter de leur pertinence. Dans la grande majorité des cas, jouer *Le Jeu de l'amour et du hasard* offre plutôt l'occasion de se replonger dans un XVIIIe siècle fantasmé, comme en passant de l'autre côté d'une toile de Watteau.

Les adaptations à l'écran sont rares, tant l'œuvre semble taillée pour la scène. Des captations de mises en scène existent, mais cela reste encore du théâtre. Celle de Jean-Paul Roussillon (1931-2009), interprétée en 1976 par les Comédiens-Français, se veut une version de référence, même si elle est en réalité assez pédante et pèche par excès de sérieux.

En 1967, Marcel Bluwal (né en 1925) veut redonner de la fraîcheur au texte en l'adaptant pour la télévision. Mais il s'agit moins d'un film que de « théâtre amélioré » : le réalisateur suit l'œuvre à la lettre et la fait jouer en extérieur, dans le très beau décor du château de Montgeoffroy, par de très bons acteurs, dont Danièle Lebrun (née en 1937), Jean-Pierre Cassel (1932-2007) et Claude Brasseur (né en 1936), qui en donnent une version réjouissante, nuancée, drôle et sans prise de tête.

Par la voie de l'histoire littéraire, *Le Jeu de l'amour et du hasard* n'est pas resté lettre morte. Les figures du valet en littérature lui doivent certainement quelque chose, à commencer par Figaro dans *Le Barbier de Séville* (1775) et *Le Mariage de Figaro* (1778) de Pierre-Augustin Caron de Beaumarchais, ou par le protagoniste éponyme du dialogue philosophique de Denis Diderot : *Jacques le fataliste et son maître* (1796). Chez Marivaux, l'observation intime des sentiments préfigure celle que mène Jean-Jacques Rousseau dans ses *Confessions* (1782-1789) et ses *Rêveries du promeneur solitaire* (1782). Au XIXe siècle, l'esprit du théâtre d'Alfred de Musset (1810-1857) incite à relire celui de Marivaux. Après le romantisme, la littérature d'introspection sentimentale qu'incarneront, en mineur, Paul Bourget (1852-1935) et, en majeur, Marcel Proust, lui doit encore une dette plus ou moins lointaine.

Très ancrée dans son époque par l'esprit (la badinerie, les salons), le contexte social (des maîtres oisifs qui s'amusent aux dépens de leurs valets), le décor et les costumes enfin (grandes robes à paniers, perruques poudrées, meubles Louis XV), la pièce peut sembler, aujourd'hui encore, flotter dans une atmosphère irréelle que l'on associe au XVIIIe siècle en général, parce qu'on y voit un monde « d'en haut », détaché des préoccupations d'ici-bas, et auquel la Révolution de 1789 a mis un terme, à raison sans doute. Le manque d'action et les contorsions du discours amoureux n'aident pas les plus jeunes générations à y trouver l'intérêt qu'elle mérite.

Cette pièce ne manque pourtant pas de modernité, tant par son aspiration à un jeu naturel (toutes proportions gardées) que par ses thèmes, notamment sociaux. Certes, il n'y a aujourd'hui plus de maîtres et de valets, mais l'inégalité sociale et les rapports de domination entre classes n'ont jamais cessé d'être d'actualité, même à notre époque. N'y a-t-il pas encore des riches et des pauvres, des employés et des patrons, des bourgeois, des nobles, des gens du peuple ? N'y a-t-il pas des pays développés et d'autres en voie de développement ? Ajoutez à cela une histoire d'amour, une intrigue à base de déguisements, et vous aurez les ingré-dients du succès du théâtre marivaudien.

Votre avis nous intéresse !
Laissez un commentaire sur le site de votre librairie en ligne
et partagez vos coups de cœur sur les réseaux sociaux !

BIBLIOGRAPHIE

SOURCES BIBLIOGRAPHIQUES

- Beaumarchais (Jean-Pierre de) et Couty (Daniel), *Grandes œuvres de la littérature française : dictionnaire*, Paris, Larousse, 1997.
- Boissier (Denis), *Dictionnaire des anecdotes littéraires*, Monaco, Éditions du Rocher, 1995.
- Collectif, *Lectures intégrales : dossier des professeurs/3*, Paris, Librairie Générale Française, 1986.
- Corvin (Michel), *Dictionnaire encyclopédique du théâtre*, Paris, Bordas, 1991.
- Doudet (Estelle), *Marivaux*, Levallois-Perret, Studyrama, 2005.
- Eterstein (Claude), Le Jeu de l'amour et du hasard *[de] Marivaux*, Paris, Hatier, 1984.
- Gazagne (Paul), *Marivaux*, Paris, Seuil, 1997.
- Laffont (Robert) et Bompiani (Valentino), *Dictionnaire des personnages littéraires et dramatiques de tous les temps et de tous les pays : poésie, théâtre, roman, musique*, Paris, Robert Laffont, 1984.
- Marivaux, *Théâtre complet*, Paris, Seuil, 1964.
- Marivaux, *Le Jeu de l'amour et du hasard*, Paris, Flammarion, 1999.
- Marivaux, *Le Jeu de l'amour et du hasard*, Paris, Pocket, 2015.

SOURCES COMPLÉMENTAIRES

- Ayoub (Brigitte), *Marivaux : biographie, étude de l'œuvre,*

Paris, Albin Michel, 1994.

- Deloffre (Frédéric), *Une préciosité nouvelle : Marivaux et le marivaudage*, Paris, Armand Colin, 1971.
- Marivaux, *Journaux*, Paris, Larousse, 1974.
- « Marivaux : dossier », in *Europe*, n° 811 et 812, 1996, p. 3-127.
- « Marivaux : dossier », in *Je bouquine*, n° 247, 2004, p. 86-101.
- « Monter Marivaux aujourd'hui : dossier », in *Jeu*, n° 74, 1995, p. 9-42.

ADAPTATIONS

- *Le Jeu de l'amour et du hasard*, téléfilm de Marcel L'Herbier, avec Hélène Perdrière et Bernard Dhéran, France, 1954.
- *Le Jeu de l'amour et du hasard*, téléfilm de Marcel Bluwal, avec Danièle Lebrun, Jean-Pierre Cassel, Françoise Giret et Claude Brasseur, France, 1967.

SOURCES ICONOGRAPHIQUES

- Portrait de Marivaux par Louis-Michel van Loo, huile sur toile de 1753. La photo reproduite est réputée libre de droits.
- *Les comédiens italiens*, peinture d'Antoine Watteau (vers 1720), conservée au National Gallery of Art de Washington. La photo reproduite est réputée libre de droits.
- Illustration du *Jeu de l'amour et du hasard* par Bertall (illustrateur français, 1820-1882), 1878. La photo

reproduite est réputée libre de droits.

- *Pèlerinage à l'île de Cythère*, dit *L'Embarquement pour Cythère* par Antoine Watteau, 1717. Huile sur toile conservée au musée du Louvre. La photo reproduite est réputée libre de droits.
- *Comédiens italiens dans un jardin*, peint par Jean-Baptiste Oudry au XVIIIe siècle. La photo reproduite est réputée libre de droits.

Éditeur responsable : Lemaitre Publishing
Avenue de la Couronne 159 | BE-1050 Bruxelles
info@lemaitre-editions.com

ISBN ebook : 978-2-8062-9493-7
ISBN papier : 978-2-8062-9494-4
Dépôt légal : D/2017/12603/137
Couverture : © Lisiane Detaille.

Conception numérique : Primento,
le partenaire numérique des éditeurs.